FELIX MENDELSSOHN BARTHOLDY

KONZERT

FÜR KLAVIER UND ORCHESTER D-MOLL

OPUS 40

AUSGABE FÜR ZWEI KLAVIERE VON

ADOLF RUTHARDT

C. F. PETERS

FRANKFURT/M. · LEIPZIG · LONDON · NEW YORK

KONZERT
für Klavier und Orchester

Komponiert 1837. Im Druck erschienen im Mai 1838.

Felix Mendelssohn Bartholdy (1809-1847), op. 40

Herausgegeben von Adolf Ruthardt

8323

8323

8323

8323

Finale
Presto scherzando

8323

8328

8323

KLAVIERMUSIK / PIANO MUSIC
(Auswahl / Selection)

J. S. BACH Klavierwerke
- Wohltemperiertes Klavier Teil I/II
  (Kreutz/Keller) . . . . EP 4691a/b
- Kleine Präludien und Fughetten (Keller) . . . . EP 200a
- Zwei- und dreistimmige Inventionen
  BWV 772-801 (Landshoff) . . . . EP 4201
- Französische Suiten BWV 812-817 (Keller) . . EP 4594
- Englische Suiten, 2 Bände (Kreutz) . . . . EP 4580a/b
- Partiten, 2 Bände (Soldan) . . . . EP 4463a/b
- Italienisches Konzert, Französ. Ouvertüre (Soldan) EP 4464
- 4 Duette BWV 802-805 (Soldan) . . . . EP 4465
- Goldberg-Variationen (Soldan) . . . . EP 4462
- Toccaten BWV 910-916 (Keller) . . . . EP 4665
- Einzelne Suiten u. Suitensätze BWV 818, 819,
  820, 823, 835, 844, 996-998 (Keller) . . . . . . EP 9007
- Chromat. Fantasie und Fuge BWV 903, Fantasien
  und Fugen BWV 894, 904, 906, 944 (Keller) . EP 9009
- Sonaten BWV 963-966, 968, 1019/3 (Keller) . EP 9066
- 16 Konzerte nach Vivaldi, Marcello u.a. (Schering) EP 217
- Die Kunst der Fuge BWV 1080 (Chr. Wolff)
- – Frühere Fassung, nach Autograph (Erstausgabe) EP 8586a
- – Spätere Fassung, nach Originaldruck . . . . . EP 8586b
BALAKIREW Islamei (Rüger) . . . . EP 9167
- Ausgewählte Klavierstücke, 2 Bde. (Rüger) . EP 9576a/b
BEETHOVEN Sonaten, 2 Bände (C. Arrau) . . . EP 8100a/b
- Klavierstücke, 2 Bände (Keller) . . . . EP 297a/b
- Variationen, 2 Bände (Hauschild) . . . . EP 298aa/bb
- 5 Klavierkonzerte und Chorfantasie op. 80 (Solo-
  stimme mit eingezogenem Orchesterpart) . . . . EP 144
BORODIN Petite Suite (Niemann) . . . . EP 4320
BRAHMS Klavierwerke in 5 Bänden
- I Sonaten op. 1, 2, 5 . . . . EP 8200a
- II Variationen op. 9, 21/1-2, 24, 35 . . . . EP 8200b
- III Klavierstücke op. 4, 10, 39, 76 . . . . EP 8200c
- IV Klavierstücke op. 79, 116-119 . . . . EP 8200d
- V Ungarische Tänze 1-10, Walzer op. 39 (erleichtert),
  51 Übungen, 5 Studien, Variationen d-Moll u.a. EP 8200e
BUSONI 6 Klavierstücke op. 33b . . . . EP 2838
CHOPIN Klavierwerke in 10 Bänden (Scholtz/Pozniak)
- I Walzer . . . . EP 1901
- II Mazurkas . . . . EP 1902
- III Polonaisen . . . . EP 1903
- IV Nocturnes . . . . EP 1904
- V Balladen, Impromptus . . . . EP 1905
- VI Scherzi, Fantasie f-Moll . . . . EP 1906
- VII Etüden . . . . EP 1907
- VIII Präludien, Rondos . . . . EP 1908
- IX Sonaten . . . . EP 1909
- X Stücke (Berceuse, Barcarolle u.a.) . . . . . . EP 1910
CLEMENTI 24 Sonaten, 4 Bände (Ruthardt) . . . . EP 146a-d
DEBUSSY Klavierwerke in 7 Bänden (Klemm)
- I 2 Arabesques, Suite Bergamasque,
  Children's corner . . . . EP 9078a
- II Préludes Band I . . . . EP 9078b
- III Préludes Band II . . . . EP 9078c
- IV Images . . . . EP 9078d
- V 12 Etudes . . . . EP 9078e
- VI Pour le piano, Estampes, L'isle joyeuse . . . . EP 9078f
- VII Sämtliche Einzelkompositionen (Philipp) EP 9078g
DVOŘÁK Ausgewählte Klavierstücke (Lerche) . EP 4676
FAURÉ Klavierwerke in 3 Bänden
- I 9 Préludes, 6 Impromptus . . . . EP 9560a
- II 13 Barcarolles . . . . EP 9560b
- III 13 Nocturnes . . . . EP 9560c
FIELD Nocturnes (Köhler) . . . . EP 491

FRANCK Präludium, Aria und Finale (Sauer) . . EP 3740b
- Präludium, Choral und Fuge (Sauer) . . . . EP 3740a
GOTTSCHALK Kreolische und Karibische
  Klavierstücke . . . . EP 9425
GRIEG Klavierwerke in 4 Bänden
- I Sämtliche Lyrische Stücke . . . . EP 3100a
- II Klavierwerke op. 1, 3, 6, 16, 24, 28, 29,
  41, 52, 73 . . . . EP 3100b
- III Original-Bearbeitungen, u.a. op. 40, 46, 55 EP 3100c
- IV Sonate e op. 7, Slåtter op. 72, Sieben Fugen EP 3100d
HÄNDEL Klavierwerke in 5 Bänden
- I Suiten, 1. Sammlung (1720) (Serauky) . . . . . EP 4981
- II Suiten, 2. Sammlung (1733) (Serauky) . . . . EP 4982
- III Suiten u.a. Klavierstücke (Serauky) . . . . . EP 4982/3
- IV 6 Fugen op. 3 (HWV 605-610) u.a. . . . . . . EP 4984
- V Suite d HWV 448, Partita A HWV 454 u.a. . EP 4985
HAYDN Klavierwerke in 6 Bänden
- I-IV 43 Sonaten (Martienssen) . . . . EP 713a-d
- V Leichte Divertimenti . . . . EP 4443
- VI Klavierstücke, Variationen (Soldan) . . . . . . EP 4392
JANÁČEK Auf verwachsenem Pfade, Im Nebel,
  Sonate 1.X.1905, Thema con variazioni u.a. . . EP 9867
LIADOW Ausgewählte Klavierstücke (Hellmundt) EP 9193
LISZT Klavierwerke in 12 Bänden (Sauer)
- I Rhapsodien Nr. 1-8 . . . . EP 3600a
- II Rhapsodien Nr. 9-19 . . . . EP 3600b
- III, IV Etüden . . . . EP 3600c/d
- V, VI Original-Kompositionen . . . . EP 3601a/b
- VII, VIII Opern-Fantasien . . . . EP 3601c/d
- IX Lied-Paraphrasen . . . . EP 3602a
- X Übertragungen (Bach, Schubert) . . . . EP 3602b
- XII Supplement: Übertragungen und
  Originale . . . . EP 3602d
- Années de Pèlerinage (I, II, Auswahl aus III) . EP 3603
- Rhapsodie espagnole . . . . EP 3609e
- Sonate h-Moll . . . . EP 3611
MEDTNER Sonate f-Moll op. 5 . . . . Bel 134
MENDELSSOHN Klavierwerke in 5 Bänden (Kullak)
- I Lieder ohne Worte . . . . EP 1704a
- II Capriccio op. 5, Sieben Charakterstücke op. 7,
  Rondo capriccioso op. 14, Fantasien/Caprices op. 16,
  3 Caprices op. 33, Andante cantabile e Presto H-Dur,
  6 Kinderstücke op. 72 . . . . EP 1704b
- III Phantasie op. 28, Präludien und Fugen op. 35,
  Variat. sérieuses op. 54, Andante con Variazioni op. 82,
  Variationen op. 83, Etüden op. 104, Etüde f-Moll,
  Scherzo h-Moll, Scherzo a Capriccio . . . . EP 1704c
- IV Konzerte Nr. 1, Nr. 2, Capriccio brillant op. 22,
  Rondo brillant op. 29, Serenade u. Allegro op. 43
  (Solostimme mit eingezogenem Orchesterpart) EP 1704d
- V 3 Sonaten (E op. 6, g op. 105, B op. 106),
  Drei Präludien op. 104, Fantasie op. 15, Album-
  blatt op. 117, Capriccio op. 118, Perpetuum
  mobile op. 119 u.a. EP 1704e
MOZART Klavierwerke in 4 Bänden
- I, II Sonaten (Martienssen/Weismann) . . . . . EP 1800a/b
- III Klavierstücke (Weismann) . . . . EP 4240a
- IV Variationen (Köhler/Ruthardt) . . . . EP 273
MUSSORGSKI Bilder einer Ausstellung
  (Hellmundt) . . . . EP 9585
REGER 7 Fantasiestücke op. 26 . . . . EP 1227
- 6 Klavierstücke op. 24 . . . . EP 1226
- Telemann-Variationen und Fuge op. 134 . . . . EP 3979
- Träume am Kamin op. 143 . . . . EP 3992
- Variationen u. Fuge über ein Thema von Bach op. 81 EP 9103

SAINT-SAËNS Klavierwerke op. 3, 70, 72, 85, 90 EP 9295
SATIE Gymnopédies, Sarabandes, Pièces froides . . EP 7342
- Gnossiennes, Sonatine bureaucratique, 5 Nocturnes EP 7343
SCARLATTI 150 Sonaten, 3 Bände . . . . EP 4692a/c
SCHUBERT Sonaten D 568, 575, 664, 784, 845, 850 EP 488c
- Sonaten D 537, 894, 958-960 . . . . EP 488d
- Impromptus op. 90, op. 142, Moments musicaux . . EP 3235
- Wanderer-Fantasie op. 15 (D 760) . . . . EP 716a
- Tänze, Walzer, Ländler (Auswahl) . . . . EP 150
- 3 Klavierstücke (D 946), Unvollendete Sonate C
  (D 840), 2 Scherzi, Allegretto c, u.a. . . . . EP 718
SCHUMANN Klavierwerke (H. J. Köhler)
- Abegg-Variationen F op. 1 . . . . EP 9501
- Album für die Jugend op. 68, Kinderszenen op. 15 EP 9500
- Albumblätter op. 124, Bunte Blätter op. 99 . . . EP 9505
- Allegro op. 8 . . . . EP 9524
- Arabeske C op. 18 / Blumenstück Des op. 19 . . EP 9508
- Carnaval op. 9 . . . . EP 9503
- Davidsbündlertänze op. 6 . . . . EP 9502
- Fantasie C op. 17 . . . . EP 9510
- Fantasiestücke op. 12 . . . . EP 9512
- 3 Fantasiestücke op. 111 . . . . EP 9513
- Faschingsschwank op. 26 . . . . EP 9516
- 4 Fugen op. 72, 7 Fughetten op. 126 . . . . EP 9527
- Gesänge der Frühe op. 133 . . . . EP 9528
- Humoreske B op. 20 . . . . EP 9514
- Impromptus op. 5 . . . . EP 9523
- Intermezzi op. 4 . . . . EP 9507
- 3 Klaviersonaten für die Jugend op. 118 . . . . . EP 9525
- Klavierstücke op. 32 . . . . EP 9522
- Kreisleriana op. 16 . . . . EP 9504
- 4 Märsche op. 76 . . . . EP 9529
- Nachtstücke op. 23 . . . . EP 9520
- Novelletten op. 21 . . . . EP 9511
- Papillons op. 2 . . . . EP 9506
- Romanzen op. 28 . . . . EP 9521
- Sonaten fis op. 11, g op. 22 . . . . EP 9509
- Sonate f (Konzert ohne Orchester) op. 14 . . . . EP 9519
- Studien op. 3, Konzertetüden op. 10 . . . . EP 9517
- Symphonische Etüden op. 13 . . . . EP 9515
- Toccata C op. 7 . . . . EP 9518
- Waldszenen op. 82 . . . . EP 9526
SKRJABIN Klavierwerke in 6 Bänden
- I Etüden op. 8, 42, 65 . . . . EP 9077a
- II Préludes, Poèmes u.a. Stücke op. 11, 27,
  32, 47, 56, 72-74 . . . . EP 9077b
- III Préludes, Poèmes u.a. op. 13, 16, 38, 45, 46,
  48, 49, 51, 52, 57-59, 61, 63, 67, 69, 71 . . . . EP 9077c
- IV Mazurken op. 3, 25, 40 . . . . EP 9077d
- V Sonaten 1-5 op. 6, 19, 23, 30, 53 . . . . EP 9077e
- VI Sonaten 6-10 op. 62, 64, 66, 68, 70 . . . . . . EP 9077f
TSCHAIKOWSKY Klavierwerke in 3 Bänden
- I op. 8, 21, 59; Auswahl aus op. 1, 19 . . . . . . EP 4652
- II op. 5, 7; Auswahl aus op. 2, 9, 10, 19, 40 u.a. EP 4653
- III 14 Stücke aus op. 51 und op. 72 . . . . EP 4654
- Große Sonate G-Dur op. 37 . . . . EP 4985
- Die Jahreszeiten op. 37a (Schenck) . . . . EP 8968
- Jugendalbum op. 39 (Niemann) . . . . EP 3782
WEBER Klavierwerke in 3 Bänden
- I Sonaten C, As, d, e . . . . EP 717a
- II Klavierstücke op. 12, 21, 62, 65, 72, 79;
  Variationen op. 7, op. 40 . . . . EP 717b
- III Variationen op. 2, 5, 6, 9, 28, 55; Klavierkonzerte
  Nr. 1 op. 11, Nr. 2 op. 32 (Solostimme mit ein-
  gezogenem Orchesterpart) . . . . EP 717c

Bitte fordern Sie den Katalog der Edition Peters an
For our free sales catalogue please contact your local music dealer

C. F. PETERS · FRANKFURT/M. · LEIPZIG · LONDON · NEW YORK

www.edition-peters.de · www.edition-peters.com